ANALYSE

DE L'OUVRAGE INTITULÉ

DE LA LÉGISLATION

ET

DU COMMERCE

DES GRAINS,

ANALYSE

DE L'OUVRAGE INTITULÉ

DE LA LÉGISLATION

ET

DU COMMERCE

DES GRAINS.

Par Morellet.

A AMSTERDAM;

& se trouve à PARIS,

Chez PISSOT, Libraire, Quai des Augustins, près
la rue du Hurpoix,

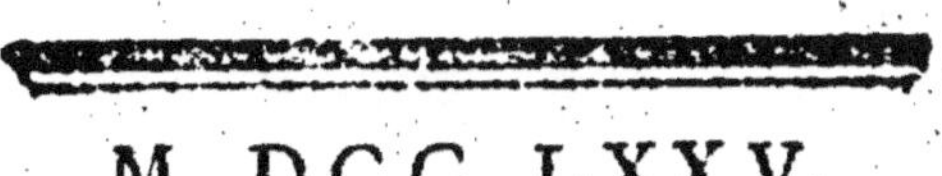

M. DCC. LXXV.

ANALYSE

DE L'OUVRAGE INTITULÉ

DE LA LÉGISLATION

ET

DU COMMERCE

DES GRAINS.

L'INCOHÉRENCE entre les parties, &
la contradiction entre les principes, sont
les plus grands défauts dont un ouvrage de
discussion soit susceptible, parce qu'ils sont
les plus contraires à l'effet qu'on veut obtenir, l'instruction & la conviction.

Ces vices seront toujours ceux des ouvrages où l'on n'a pas la vérité pour objet.

Il n'y a que la vérité qui ne se démente point, parce qu'elle n'est autre chose que le tableau de la nature dont toutes les parties se tiennent, quelque séparation, quelque distance que voie entre elles l'esprit de l'homme égaré par les préventions ou par l'intérêt.

L'unité d'un ouvrage, l'accord entre ses parties, peuvent être blessées de plusieurs manieres particulieres à chaque espece d'ouvrage. Par exemple, dans ceux où l'on a pour objet d'établir une ou plusieurs vérités pratiques, comme l'auteur a deux choses à faire, exposer des principes généraux de théorie, & prescrire ensuite des regles à suivre, des maximes à pratiquer, il faut sans doute que ses principes généraux, sa théorie soient d'acord avec ses résultats pratiques. Sans cela on ne pourra tirer de sa lecture aucune instruction, aucune conséquence, aucun résultat; la contradiction & l'incohérence laisseront l'esprit flottant; on ne saura lequel croire du théoricien ou

(7)

du maître de pratique, & on finira par ne croire aucun des deux.

Ce défaut est très-fréquent dans les ouvrages d'économie politique.

Tout le monde sait combien l'Auteur *des Dialogues sur le Commerce des bleds* a diverti ses lecteurs aux dépens de la liberté & de la propriété ; comment il a établi que la liberté d'exporter (car on ne contestoit pas alors la liberté du commerce dans l'intérieur) ne manqueroit pas de tirer du Royaume, par les rivieres qui descendent à la mer, le nécessaire de la Nation ; que cette liberté détruiroit les manufactures & l'agriculture elle-même, qui ne subsiste, selon cet Ecrivain, que par les manufactures, &c. Enfin, on a regardé généralement M. l'Abbé G** comme un des ennemis les plus dangereux de ce qu'on appelle le *système de la liberté.*

Mais veut-on voir l'incohérence dont nous parlons, le peu d'accord de cette grande théorie avec les maximes pratiques de l'Auteur? On n'a qu'à jetter les yeux sur les conséquences que tire M. l'A. G. lui-même de tout son livre; on n'a qu'à l'écouter dictant les loix qui doivent, selon lui, éloigner pour jamais du peuple la misere qui le dévore, ranimer les manufactures, sauver l'agriculture & rendre le Royaume florissant.

Après s'être annoncé comme un ennemi déclaré de la liberté, il n'approuvera aucune des gênes imaginées sous le nom de police des grains ; sa législation se bornera à ne permettre d'exportation que par des vaisseaux nationaux, & à mettre sur chaque septier de bled 50 sols de droit à la sortie.

Telle est la contradiction choquante où se laissera aller un homme instruit & un homme d'esprit, & que la plus légere attention démêle au travers de l'enjouement de ses plaisanteries, de la subtilité de ses raisonnemens, & quelquefois des efforts de son éloquence.

Nous trouvons cette même inconsé-
quence bien sensible dans l'ouvrage qui
attire aujourd'hui l'attention du Public, &
qui a pour titre : *Sur la Législation & le
Commerce des grains*. Nous croyons y voir,
entre les principes généraux & les résultats
pratiques, entre la théorie générale & les
regles prescrites à l'administration, une opposition inconciliable.

Nous ne parlerons, au reste, ici que de
la liberté du commerce des grains dans
l'intérieur : objet sur lequel toute l'attention du Public est aujourd'hui portée, sur
quoi nous ne pouvons nous empêcher de
faire observer la marche incertaine & va-
riable de l'opinion publique, tant qu'elle
n'est pas encore fixée par la discussion.

Il y a peu d'années, ou plutôt il n'y a pas
un an qu'on convenoit assez généralement
que le défaut de liberté & de circulation
intérieure étoit la cause des maux que le
peuple souffroit ; (car ce n'est pas depuis le
mois de Septembre 1774 seulement que le

peuple fouffre) : on difoit : « L'exportation
» eſt une choſe affreuſe ; mais la liberté in-
» térieure eſt bonne, & ce ſont les gênes
» qui ſubſiſtent encore, les monopoles de
» gens autoriſés par le Gouvernement qui
» font que le pain eſt cher ».

Une autre adminiſtration ſuccede. Le Roi
voulant détruire les idées auſſi injuſtes que
dangereuſes de monopole autoriſé, & rendre au commerce ſa liberté, ſon activité bien-
faiſante, annonce que perſonne ne ſe mêlera
en ſon nom du commerce des grains. Alors,
comme s'il falloit toujours à l'opinion un
fantôme de monopole contre lequel elle ſe
bat, on ſe perſuade, ou plutôt on dit, ſans
en être perſuadé, que la liberté, cette
même liberté dont le défaut avoit donné
l'exiſtence au prétendu monopole de l'adminiſtration, a créé un autre monopole,
c'eſt-à-dire, celui de pluſieurs milliers de
marchands ; de ſorte qu'en mettant des
modérations au principe de la liberté, on
n'a rien gagné, & qu'autant eût-il valu

laisser à la vérité toute sa hardiesse , puis-
qu'en se présentant avec plus de modestie ,
elle n'éprouve pas un meilleur accueil. Sa-
crifions pourtant encore à l'opinion, en ne
parlant que de la liberté intérieure du commerce des grains , & voyons quels sont
les *principes généraux* & *les maximes pratiques* de M. N** sur ce sujet important.

Nous n'avons pas besoin de nous étendre
beaucoup pour prouver que la théorie générale du Livre de M. N** est diamétralement opposée à la liberté du commerce des
grains.

On sait d'abord que son Ouvrage est regardé par les ennemis de cette liberté comme
le catéchisme de leur doctrine. On sait que
l'esprit général *de la Législation & du Commerce des Grains* est de combattre les principes adoptés par l'administration actuelle;
qui tendent à rendre au commerce sa
liberté.

Mais cette opposition des principes généraux de M. N** à la liberté, est sur-tout

manifeste dans la doctrine qu'il établit sur le sujet important de la propriété. Car, quoique la nécessité de la liberté du commerce des grains soit en derniere instance fondée sur la nécessité de subsister, de multiplier, de conserver & de transporter les subsistances; comme le maintien des droits de la propriété, soit dans les Propriétaires du sol, soit dans les Fermiers qui représentent les Propriétaires, soit dans les Marchands qui font aux droits des uns & des autres, est le seul moyen de produire ces salutaires effets, il est bien évident que celui qui ruine la propriété, détruit en même temps la liberté. Voyons donc quelle est la théorie de M. N** sur cet article important, & écoutons-le parler lui-même.

« La source éternelle de la misere du
» Peuple dans tous les temps, dans tous
» les Pays, est le pouvoir qu'ont les Proprié-
» taires de ne donner en échange du tra-
» vail, que le plus petit salaire possible. . .
» Cet empire ne changera jamais, & il aug-

(13)

» mentera au contraire toujours. *P. 166 &*
» *169.*

» L'introduction des Monnoies, ... en
» rendant plus confus les rapports primitifs
» des diverses classes de la Société, *a mis*
» *chacun en état* d'abuser de ses forces avec
» plus d'obscurité, & par conséquent avec
» plus de hardiesse. *P. 79 & 80.*

» Les Propriétaires qui auroient rougi de
» jouir du travail d'un de leurs semblables,
» sans lui procurer une subsistance honnête,
» ont pu se livrer sans trouble à une cupi-
» dité tyrannique. *P. 80.*

» La propriété accable du poids de ses
» prérogatives l'homme qui vit du travail
» de ses mains. *P. 87.*

» Presque toutes les institutions civiles
» ont été faites pour les Propriétaires qui,
» après s'être partagé la terre, ont fait des
» loix d'union & de garantie contre la mul-
» titude, comme ils auroient mis des abris
» dans les bois pour se défendre des bêtes
» sauvages. *P. 170.*

(14)

» Toutes les loix qui conviennent aux
» Propriétaires, font toujours plus vantées
» que celles qui font favorables au Peuple.
» Comme, fans y penfer, chacun généralife
» fon efpèce, les Propriétaires finiffent par
» fe perfuader qu'eux feuls compofent l'E-
» tat. *3e Part. P.* 13 & 15.

» Si le Peuple étoit capable *d'entendre*
» des vérités abftraites . . . . n'auroit - il
» pas en même temps la faculté de réfléchir
» fur l'origine des rangs, fur la fource des
» propriétés & fur toutes les inftitutions qui
» lui font contraires? Eft-il bien fûr que
» l'inégalité de connoiffances n'eft pas né-
» ceffaire au maintien de toutes les inéga-
» lités fociales. *P.* 157 & 158.

» Ceux qui ont une part aux biens de la
» terre, ne demandent à ceux qui gouver-
» nent, que liberté & juftice. Ceux qui n'ont
» rien, ont befoin de loix politiques qui
» temperent la force de la propriété. *P.* 172.

» La claffe de la Nation qui vit de fon
» travail, ne peut fe reffentir de la bonté

» du Souverain qu'autant que ces bienfaits
» font MOMENTANÉS, & par les précautions
» par lesquelles on peut venir au secours du
» Peuple dans les temps de cherté. *P. 149*
» *& 150. C'eſt-à-dire , les modifications·&*
» *reſtrictions apportées à la propriété.*

   » Toute faveur uniforme & conſtante,
» accordée par le Souverain (en diminution
» d'impôt , en ſuppreſſion de droits de
» halles, &c.) deviendra toujours la proie
» des Propriétaires. Ce ſont DES LIONS & des
» animaux ſans défenſe qui vivent enſemble.
» On ne peut augmenter la part de ceux-ci
» qu'en trompant la vigilance des autres , &
» ne leur laiſſant pas le temps de s'élancer.
» *Si l'on dit que le Souverain* gênera par-là
» les droits de la propriété & de la liberté,
» & que ces droits ſont inviolables, *on peut*
» *répondre que* c'eſt à l'abus de ces mots
» propriété & liberté qu'on peut attribuer
» LES PLUS GRANDS MALHEURS. *P. 170 &*
» *171.*

   » La propriété héréditaire eſt une loi de

» hommes établie pour leur bonheur, &
» qui n'est maintenue qu'à cette condition.
» *P. 172 & 173.*

» La convention qui a autorisé les Pro-
» priétaires à disposer, à leur gré, des den-
» rées de nécessité, put exiger d'eux des
» conditions qui mettoient des bornes à cette
» concession, pour le bien commun. *P. 176.*

» La fonction de Propriétaire est facile à
» remplir. Il ne faut pas confondre SES DESIRS
» INDÉFINIS qui n'intéressent que lui, avec sa
» satisfaction SUFFISANTE qui intéresse la So-
» ciété, ni faire de la plus PETITE FANTAISIE
» des Propriétaires une idole publique, &
» contraindre à l'adorer, au nom respecté
» de l'Agriculture. *P. 78.*

» *Dire avec le Parlement de Toulouse dans*
» *un de ses Arrêts que le Roi ne doit pas*
» *(sous-entendez fournir, car c'est là ce que*
» *le Parlement de Toulouse a très-clairement*
» *voulu dire) la subsistance à ses Peuples,*
» *c'est lui conseiller d'abandonner aveuglé-*
» ment les rapports qui assurent l'abondance,

» aux

» aux PRÉTENTIONS DE LA PROPRIÉTÉ ET AUX
» CAPRICES DE LA LIBERTÉ... *P. 162 & 163.*

» C'eſt un grand abus de faire ſervir la
» compaſſion pour le Peuple à fortifier les
» prérogatives des Propriétaires; c'eſt imi-
» ter l'art de ces animaux terribles qui,
» ſur les bords des fleuves de l'Aſie, pren-
» nent la voix des enfans pour dévorer les
» hommes. *P. 179 & 180.*

» Que la Loi, que ceux qui gouvernent,
» rappellent ſans ceſſe aux hommes la force
» de la propriété en général, & la foi à la
» parfaite indépendance de tout ce qu'on
» poſſede. Mais il ne faut jamais EXAGÉRER LE
» SENTIMENT de la propriété des bleds. Ceux
» qui ſont maîtres de cette denrée eſſentielle
» à la vie, ont des devoirs à remplir attachés
» à ce DÉPÔT, qui les avertiſſent d'en pro-
» portionner le prix aux facultés du Peuple.
» *P. 126.* »

Telle eſt la doctrine de l'Auteur ſur l'article de la propriété, ou plutôt ſur l'injuſ-
tice, les violences, les uſurpations de la

B

propriété. Ce n'eſt pas ici le lieu de la combattre. Ce ſera peut-être pour nous l'objet d'un travail qui demande plus d'étendue & de temps. Mais en attendant, nous avons cru devoir la remettre ici ſous les yeux des lecteurs. Peut-être ce ſeul expoſé changera-t-il l'opinion de beaucoup de perſonnes ſur l'Ouvrage d'où nous l'avons tiré. On pourra s'alarmer, avec quelque raiſon, de ce principe fondamental de *la Légiſlation & du Commerce des Bleds*, & de ſes conſéquences fâcheuſes pour le maintien de la tranquillité publique. On pourra déſapprouver un ouvrage, où l'on recueille & on réchauffe les ſemences de cette guerre ſourde, de cette averſion aveugle des pauvres contre les riches, des hommes ſans propriété contre les propriétaires; averſion qui n'a jamais éclaté ſans troubler & bouleverſer les Empires, & ſans cauſer cent fois plus de maux qu'on ne prétendoit en guérir. On pourra ſoupçonner que M. N** n'a pas des idées bien juſtes de la nature & de l'organifation des Sociétés politiques. On pourra penfer que fa doctrine mene nécef-fairement & directement à la diffolution de toute fociété. C'eft ce que nous croirions pouvoir prouver jufqu'à la démonftration. Mais il nous fuffit d'avoir montré , par ce fimple expofé, que les principes généraux, la théorie, le but de l'ouvrage , l'intention de l'Auteur , font oppofés à la liberté du commerce.

Il ne nous refte donc , pour prouver l'in-conféquence & la contradiction, qu'à faire voir que dans le *détail*, dans la *partie pratique* de fon ouvrage , dans les *regles* qu'il dicte à l'adminiftration, M. N ** redevient dans le fait, & malgré lui, partifan de la liberté ; qu'il rejette toutes les reftrictions, toutes les prohibitions , tous les réglemens, & pour nous énoncer encore plus fortement à ce fujet, que fi les Adminiftrateurs actuels avoient mis fur leur bureau *la Légiflation & le Commerce des Grains* pour en fuivre toutes les maximes pratiques ; & ce que l'Auteur lui-même appelle *ses résultats*; leur conduite auroit été précisément celle qu'ils ont tenue.

Pour établir cette vérité, nous n'avons rien à faire qu'à mettre sous les yeux de nos lecteurs toutes les loix prohibitives, par lesquelles on a imaginé en différens temps de gêner le commerce des grains, & à faire voir ensuite que M. N** les rejette toutes comme contraires à tous les principes d'une bonne administration.

Les principales loix, par lesquelles on a donné en divers temps atteinte à la liberté du commerce des grains dans l'intérieur du Royaume, sont :

1° L'obligation imposée à tous ceux qui font le commerce des grains de se faire connoître & inscrire dans un regiftre public.

2° La défense faite aux Capitaliftes, & particuliérement aux Financiers, de faire cette espece de commerce.

3° La défense d'acheter & de vendre ailleurs que dans les marchés.

4° Les ordres donnés arbitrairement aux Fermiers ou aux Propriétaires de faire garnir les marchés dans les momens de besoin.

5° Les défenses faites par les Administrateurs des Provinces de laisser sortir des grains de leurs districts, lorsqu'ils craignent la cherté & la disette.

6° La fixation du prix des grains.

7° L'intervention du Gouvernement, soit pour approvisionner une Province qui est dans le besoin, soit pour faire venir des bleds de l'Étranger.

8° Des primes d'importation de l'Étranger.

9° Des primes appliquées à la circulation intérieure. Deux opérations qui, quoique moins directement contraires à la liberté, ne laissent pas d'y donner atteinte en dérangeant les spéculations du commerce libre.

10° Des embargo & défenses momenta-

B iij

nées de faire fortir les grains, même étrangers, qui fe trouvent dans les ports.

11° Les approvifionnemens pour les
grandes Villes, & en particulier pour la
Capitale, établis fur les défenfes de vendre
les grains de certains territoires voifins ;
ailleurs que dans les marchés qui fourniffent à la Capitale.

12° Les magafins ou greniers d'abondance formés par l'Adminiftration, ou par
les Corps Municipaux, &c.

Voyons maintenant la doctrine de M.
N** fur tous ces chefs, en fuivant & en
tranfcrivant fidélement de fon Ouvrage tout
ce qu'il a décidé fur chacun.

I.

*De l'obligation impofée à ceux qui font le
commerce des grains, de fe faire connoître
& infcrire dans un regiftre public.*

DOCTRINE DE M. N**.

« Ce n'eft pas la connoiffance des per-

» fonnes qui font un commerce, qui peut
» être importante au bien de l'État ; c'eſt
» tout au plus celle de leurs opérations.
» Or , pour aller de la connoiſſance de
» l'homme à celle de ſes actions, s'il n'eſt
» aucun chemin tracé par la loi, il n'en eſt
» aucun de juſte ; toute loi donc qui or-
» donne aux Négocians d'inſcrire leur nom
» pour faire le commerce des grains, &
» qui n'annonce pas en même temps dans
» quel cas, & de quelle maniere on pourra
» prendre connoiſſance de leurs entrepriſes,
» les expoſe à l'oppreſſion ou leur en donne
» du moins l'inquiétude. D'ailleurs, tant
» que l'opinion jette une ſorte d'opprobre
» ſur le commerce des grains, c'eſt interdire
» ce commerce, que d'ordonner qu'on faſſe
» enregiſtrer ſon nom & ſes qualités pour
» l'exercer ; il n'y a que de petits Blatiers
» qui peuvent ſe ſoumettre à cette condi-
» tion ; elle ne feroit jamais remplie par des
» hommes d'une claſſe ſupérieure. Une telle
» gêne ne feroit donc convenable qu'autant

» que l'intervention des Négocians riches
» ne feroit jamais utile dans ce commerce.
» IIIe. Part. page 29. »

I I.

*De la défenfe faite aux gros Capitaliftes,
& particuliérement aux Financiers, de
faire le commerce des grains.*

DOCTRINE DE M. N**.

« De petits Marchands ne peuvent faire
» qu'un commerce de voifinage ; ils n'ont
» ni les correfpondances, ni les fonds né-
» ceffaires pour charger un vaiffeau , ni
» pour l'expédier d'un port de France à
» l'autre ; ils n'ont pas non plus de capitaux
» pour acheter dans les temps d'abondance,
» avec le deffein de garder leur marchandife
» un ou deux ans, fi les bas prix d'achats
» encouragent cette entreprife. IIIe. Part.
» page 29.

» L'une & l'autre de ces opérations font
» cependant utiles à la Société ; & puifque
» la derniere peut être faite par des Finan-

» ciers comme par des Négocians , inter-
» dire le commerce des grains aux hommes
» de finance , c'eſt ne préſenter aucune idée
» fixe ſur cet objet ; car ce commerce ne
» peut pas être nuiſible en raiſon des per-
» ſonnes , mais ſeulement en raiſon des
» faits & des circonſtances. *IIIe. Partie,*
» *page 21.* »

I I I.

De la défenſe d'acheter & de vendre ailleurs
que dans les Marchés.

DOCTRINE DE M. N**.

« Les principales raiſons qui combat-
» tent la défenſe de vendre ailleurs que
» dans les Marchés , ſont bonnes ſans
» doute , pourvu qu'on ne les affoibliſſe
» pas en les exagérant. *Page 34.*

» C'eſt gêner la liberté des Citoyens ,
» ſans aucun avantage pour la Société.
» Qu'importe en effet au bien de l'État ,
» que Paul vende à Jacques ſon bled , dans
» ſa Métairie ou dans un Marché voiſin ,

» dès que la premiere maniere leur eſt à
» tous deux plus commode ?

» On ne juſtifie pas cette prohibition ;
» en alléguant que de pareilles ventes di-
» minuent néceſſairement l'abondance dans
» les Marchés publics ; car ſi ces ventes
» ſont faites à des Négocians, ces derniers
» auront le même intérêt que les Proprié-
» taires, à porter aux Marchés les bleds
» qu'ils ont acquis ; ſi ces ventes ſont faites
» à des conſommateurs, la quantité de bled
» à vendre aux Marchés ſera ſans doute
» diminuée, mais la ſomme des beſoins le
» ſera de même, puiſque ceux qui auront
» acheté dans les Greniers, ne ſeront plus
» acheteurs aux Marchés ; ainſi les pro-
» portions qui peuvent y compoſer l'abon-
» dance ou la rareté, ne ſeront pas chan-
» gées.

» D'ailleurs, laiſſer la liberté aux pro-
» priétaires, de vendre leur bled où bon
» leur ſemble, ce n'eſt nullement abolir les
» marchés, puiſque la commodité générale

» qui, seule, les institua, demeure toujours
» la même, & concourt à leur maintien.

» Interdire de vendre ailleurs qu'aux mar-
» chés, c'est en même temps défendre d'a-
» cheter dans aucun endroit, puisqu'il n'y
» a point d'acheteurs sans vendeurs. Or,
» défendre à toute une nation d'acheter ail-
» leurs que dans tels lieux, la denrée néces-
» faire à la vie, c'est faire prendre au Sou-
» verain une sorte d'obligation, d'y rassem-
» bler toujours des vendeurs, & même des
» vendeurs raisonnables. *III. Partie, pages*
» *32, 33, &c.*

» Si ce réglement avoit pour but de pré-
» venir les chertés qu'occasionne souvent
» l'action du commerce, il ne suffiroit pas
» d'ordonner qu'on ne pourroit acheter
» qu'aux marchés ; puisque cette obligation
» mettroit bien obstacle aux opérations des
» Marchands qui achetent dans les greniers,
» pour vendre dans les marchés publics, mais
» ne préviendroit pas les achats qu'on peut
» faire dans ces mêmes marchés par simple

» fpéculation ; & pour revendre quelque
» temps après ; genre de commerce par le-
» quel les Marchands concourent également
» à la cherté des grains.

    » En même-temps que cette loi ne pré-
» vient pas affez complettement l'interven-
» tion des Marchands , dans les circonf-
» tancés où cette intervention eft dange-
» reufe , elle contrarie le commerce dans
» un genre d'entreprifes utiles au bien de
» l'état ; tels font , par exemple, les grands
» achats par fpéculation dans le temps des
» bas prix , achats qu'on exécuteroit diffi-
» cilement & avec répugnance , s'il n'étoit
» pas permis alors d'acheter dans les gre-
» niers ; tels font encore en tout temps les
» envois des bleds d'une province à l'autre ;
» ce fecours du droit le plus étroit & le
» plus inconteftable , ne peut pas être donné ,
» fi l'on eft aftreint à n'acheter qu'aux mar-
» chés , car un befoin preffant doit être
» rempli avec célérité ; fouvent plufieurs
» vaiffeaux attendent dans un port la fubfif-

» tance d'une partie du royaume, & l'on ne
» peut pas les retenir jusqu'à ce qu'on ait
» fait avec lenteur aux marchés voisins, les
» provisions nécessaires. D'ailleurs, un achat
» tant soit peu considérable, exécuté dans
» le même lieu & dans un temps déterminé,
» excite un mouvement sensible dans les prix;
» les hommes distingués, qui font le com-
» merce maritime, jaloux de leur réputa-
» tion, ne voudroient jamais accomplir de
» pareils achats dans des marchés publics ;
» & en présence du peuple qui, dans les
» temps de cherté voit toujours ces sortes
» d'opérations avec répugnance. *III. Par-*
» *tie, page 38 & 39.* »

IV.

Des ordres donnés aux Fermiers ou aux
Propriétaires, de garnir les Marchés.

DOCTRINE DE M. N**.

« Il faut compter parmi les dispositions
» arbitraires, les ordres donnés, sans aucun

» principe fixe, aux Fermiers ou aux Pro-
» priétaires, d'apporter des bleds, tel jour,
» dans tel marché ; le bonheur public ré-
» clame contre cet usage.

» S'il étoit possible d'établir une règle
» générale, uniforme & constante, par la-
» quelle chaque Propriétaire sut dans tous
» les temps, quelle quantité de bled il doit
» porter à tel marché ; cette convention
» perpétuelle formeroit une des bases de
» la Société ; personne n'auroit à se plaindre,
» personne ne seroit malheureux par elle ;
» mais une telle loi est impossible. *III. Par-
» tie, page 43.* »

V.

Défenses faites par les Administrateurs des Provinces, de laisser sortir les grains de leurs districts.

D O C T R I N E D E M. N**.

« Entre toutes les précautions, celle-ci
» paroît la moins convenable ; elle n'a que

» des inconvéniens fans aucun avantage.
» Les perfonnes qui ont l'intendance ou
» l'adminiftration des Provinces, defirent
» d'en maintenir la tranquillité, par le prix
» modéré des fubfiftances, & de captiver
» ainfi l'affection du peuple qui les entoure;
» mais la profpérité du royaume n'eft pas
» foumife à leur inquiétude, & les rapports
» de la Province qu'ils gouvernent avec les
» autres parties de l'état, font fouvent étran-
» gers à leur combinaifon.

 » Plus on divife les loix & l'adminiftration
» relatives aux grains, plus on met en péril
» l'harmonie générale. On fait alors de cha-
» que Province un royaume particulier, &
» l'on fe prive de l'utilité de l'union ; dans
» l'intérêt le plus général, &, l'objet le plus
» effentiel de la Société, l'acquifition du
» néceffaire & la vente du fuperflu. On ne
» peut s'arrêter davantage fur cette méthode,
» qui feroit vraiement funefte. *III. Partie,*
» *page 45.* »

VI.

De la fixation du prix des grains.

DOCTRINE DE M. N**.

« On peut fixer le prix des billets d'un
» spectacle, celui des ouvrages d'une manu-
» facture unique dans son genre ; enfin, celui
» de tous les objets dont la concurrence
» n'est pas étendue ; mais un milliard de bled
» & un milliard de besoins ne peuvent ja-
» mais être soumis à une pareille regle. On
» ne viendroit point à bout de la faire exécu-
» ter, quand on leveroit une armée de sur-
» veillans aussi nombreuse que la nation mê-
» me ; d'ailleurs, la détermination d'un prix
» fixe & général, s'opposeroit à toute circu-
» lation quelconque ; car le bled qu'on auroit
» acheté en Picardie, comment pourroit-on
» le vendre au même prix à Paris ? Ne fau-
» droit-il pas y ajouter les frais de transport ?
» Si l'on n'en avoit pas le droit, toute com-
» munication seroit arrêtée.

» Rien

» Rien ne seroit donc plus impraticable
» & plus insensé qu'une institution pareille.
» *IIIe. Partie, pag. 46 & 47.* »

VII.

De l'intervention du Gouvernement , pour faire approvisionner une Province en tirant des bleds de l'autre , ou le royaume, en tirant des bleds de l'étranger.

DOCTRINE DE M. N**.

« Lorsque le Gouvernement se mêle im-
» médiatement du commerce des bleds, lors-
» qu'il charge des Négocians d'en faire passer
» d'une Province dans une autre , ou d'en
» faire venir des pays étrangers, l'effet de
» son intervention, lorsqu'on l'apperçoit, est
» communément, d'éloigner tous les autres
» Marchands, parce que n'agissant que pour
» gagner, ils craignent d'opérer en concur-
» rence avec le trésor public, qui peut & qui
» veut perdre ; alors , la fonction du Gouver-
» nement augmente chaque jour; il n'avoit
» voulu d'abord porter qu'un secours mo-

C

» déré; il faut bientôt qu'il pourvoie à tous
» les besoins, parce qu'on ne s'unit point à
» lui; ses opérations qui s'étendent, peuvent
» quelquefois excéder ses moyens; & par un
» second inconvénient, dans le temps qu'il
» perd, il est soupçonné de gagner, & le
» peuple attribue à des vues intéressées, les
» secours qu'il reçoit de sa bienfaisance.
» *III.e Partie, page 40.* »

VIII.

Des Primes d'importation.

DOCTRINE DE M. N**.

« Un des plus grands inconvéniens atta-
» chés à cette méthode, c'est qu'elle instruit
» avec éclat de l'inquiétude du Gouverne-
» ment; qu'elle accroît ainsi les alarmes, &
» renchérit les prix. Les étrangers eux-mê-
» mes, avertis par cette publicité, haussent
» leurs prétentions, & tâchent de profiter de
» la nouvelle faveur qu'on accorde à leur
» denrée.

» Alors, la premiere gratification prómife,
» ne fuffit plus ; il faut l'augmenter par de-
» grés, fans acquérir en même-temps, la
» certitude de recevoir à ce prix les fecours
» néceffaires, &c. *IIIe Partie, page 57.*

I X.

*Des primes applicables à la circulation
intérieure des grains.*

Doctrine de M. N**.

« Une diftribution de primes dans l'inté-
» rieur du royaume , préfente beaucoup
» d'abus. Quelle multitude de barrieres ne
» feroient pas néceffaires, pour empêcher
» que le même feptier de bled ne jouît plu-
» fieurs fois de la rétribution accordée ! Se
» borneroit-on à n'encourager par des pri-
» mes que les bleds qu'on porteroit dans
» les Villes ? Mais on feroit alors obligé de
» garder leur enceinte, de peur que ce
» même bled n'en fortît pour rentrer en-
» fuite. Quelle fource enfin de jaloufie des
» villages & des campagnes envers les

» Villes, & même des Provinces envers les
» Provinces.

» La publicité de ces primes ne serviroit
» qu'à entretenir l'alarme, & si l'on y avoit
» recours fréquemment, la circulation se-
» roit retardée, parce que les Marchands
» s'habitueroient à attendre la promesse
» d'une rétribution pour faire leur envois,
» & transporter les secours nécessaires.

» D'un autre côté, toutes les personnes
» qui auroient formé quelque spéculation
» dans l'espérance que le bled pourroit mon-
» ter, se trouveroient tout-à-coup contra-
» riées par la concession d'une prime, qui
» leur procureroit des concurrens inatten-
» dus, & ils abandonneroient ce commerce.
» *IIIe Partie, page 64* ».

On peut remarquer sur ces deux derniers
articles, que M. N** s'avance encore plus
vers la liberté entiere, que l'administration
actuelle à laquelle on a reproché comme
une dérogation à ses principes, l'établisse-
ment des primes.

X.

Embargo fur les grains, exiſtant dans les Ports.

DOCTRINE DE M. N**.

« On doit permettre en tout temps &
» fans aucune exception, la fortie des bleds
» venus de l'étranger. Il faut les obtenir à
» prix d'argent, quand on a befoin; mais les
» retenir par l'autorité, c'eſt éloigner de
» nouveaux fecours, & fe nuire à foi-même.

   » Cette vérité fenfible n'a pas befoin d'ê-
» tre développée davantage. *IV.° Part. pag.*
» *121.* »

XI.

*Approviſionnemens pour les grandes Villes ;
& pour la Capitale, aſſurés par des défenfes de tirer les grains hors d'un cer-
tain arrondiſſement.*

DOCTRINE DE M. N**.

« Je ne penfe point que les approvifion-
» nemens de la Capitale, doivent être defti-
» nés à y entretenir continuellement par de

» ventes au rabais, un prix plus modéré, que
» les circonſtances ne le permettent. Ces
» opérations ſont une ſorte de contrainte,
» qui en entraîne beaucoup d'autres ; car
» tandis que d'une main, on arrête le cours
» naturel du prix des bleds dans Paris, il faut
» de l'autre, y attirer cette denrée par force ;
» au lieu que tous ces efforts & toutes ces
» ſollicitudes diminueroient naturellement,
» ſi peu à peu, l'on s'y habituoit à payer le
» pain auſſi cher qu'ailleurs. *IVᵉ Partie, pag.*
» *158.*

» Aſſez de motifs inévitables aggran-
» diſſent la population de la capitale, ſans
» qu'on y attire encore du monde inutile par
» des ſacrifices, & l'on devroit renoncer
» avec grandeur à ces acclamations popu-
» laires, qui ne peuvent être achetées que
» par le renverſement de l'ordre. *IVᵉ. Par-*
» *tie, page 159.*

» Il ne faut point ſe laiſſer guider par des
» opérations partielles, & faire des ſacrifices
» à des motifs étrangers à l'ordre des choſes.

» On doit obſerver au contraire, que Paris
» eſt la ville de France où le bled devroit
» être au plus haut prix, parce que celui du
» travail peut y être cher ſans aucun incon-
» vénient ; car en même temps que cette
» Capitale eſt le centre des plus grandes ri-
» cheſſes ; elle n'eſt ville de commerce avec
» les pays étrangers, que pour des fabriques
» dont le goût & la perfection ſont le princi-
» pal attrait, & qui n'ont pas beſoin d'être
» favoriſés par le bas prix de la main d'œu-
» vre : cette circonſtance eſt encore moins
» néceſſaire pour garantir les autres travaux
» du peuple, d'une concurrence extérieure,
» puiſque ces travaux exigent la préſence
» des Ouvriers. *IVe Partie*, page 160. »

XII.

Approviſionnement pour des magaſins &
greniers d'abondance pour les grandes
Villes.

DOCTRINE DE M. N*.

On ne trouve point cette méthode poſitivement blâmée dans l'ouvrage de M. N**, elle ne peut pas lui être inconnue, puis-qu'elle est établie à Géneve, sa patrie. On peut croire que le respect qu'il a pour une institution de son pays, l'a empêché de s'en expliquer librement ; mais les raisons par lesquelles il proscrit en géneral les appro-visionnemens pour les grandes villes, doi-vent le conduire naturellement à désap-prouver aussi les magasins & greniers d'a-bondance qui sont accompagnés de la même injustice, & d'inconvéniens en-core plus grands.

Telles sont les décisions de l'Auteur de la législation & du commerce des grains sur les restrictions mises à la liberté de ce com-merce, par les Réglemens, & par ce que l'on appelle la *Police des Grains*. On voit qu'elles sont aussi favorables à la liberté que ses principes généraux y sont con-traires.

Il apporte cependant à la liberté deux ex

ceptions : la premiere, qu'il soit défendu de vendre hors des marchés, dès que le bled est au deffus de 30 liv. le feptier; la feconde, qu'on oblige chaque Boulanger d'avoir une provifion équivalente à fon débit, pendant un mois, fauf, dit-il, à augmenter encore cette quantité, d'après l'expérience.

Mais d'abord, on voit combien ces ref-trictions uniques font infuffifantes ; combien ces moyens font petits & foibles. Il arrive ici à M. N** le même malheur qu'à M. l'A. G** : on fait que celui-ci, dans fes dialogues, après avoir expofé, en fe jouant, les effets funeftes de la liberté & de la propriété, finit par propofer fa légiflation en deux articles : le premier, de ne permettre d'exportation que par des vaiffeaux nationaux, & le fecond, d'impofer fur chaque feptier un droit de 50 f. à la fortie, & de 25 f. à l'entrée; on a trouvé ce réfultat *petit*; mais il faut convenir qu'on peut fe défendre difficilement de porter le même jugement de ceux de M. N**.

Il eſt clair que les principes de M. N**
auroient dû le conduire à des conſéquences
beaucoup plus fortes que celles qu'il énonce.
Si la propriété eſt une cauſe irréſiſtible &
conſtante du malheur des peuples & de la mi-
fere des ſalariés ; ſi les Propriétaires ſont des
deſpotes, des animaux dévorans, des lions,
& ceux qui défendent leurs droits des cro-
codiles ; ſi la force des Propriétaires pour
réduire les ſalaires, ne peut être balancée,
lorſque ſon action devient plus funeſte dans
les temps de calamité, que par des actes
MOMENTANÉS de la puiſſance du Souverain
qui vient au ſecours du peuple ; (car M.
N** exclut tout autre moyen, & principale-
ment un nouveau partage des terres qu'il
veut bien regarder comme impraticable) :
il falloit qu'il regardât comme légitimes
dans le détail, toutes les atteintes données à
la propriété par les anciens Réglemens, telles
que l'obligation aux Marchands de grains
de ſe faire connoître ; la défenſe de vendre
& d'acheter en aucun temps ailleurs qu'aux

marchés, la fixation des prix, &c. Toutes ces loix, si long-temps regardées comme la seule défense du peuple, par les Administrateurs qui ont cru, ainsi que lui, aux dangers de la liberté, devoient lui être sacrées. Il falloit qu'il allât jusqu'à dire nettement, comme M. Linguet, traitant le même sujet & soutenant la même these, que le Roi doit venir au secours de son peuple, en arrachant *aux monstres leur proie sans être ému de leurs hurlemens*. On conviendra qu'ordonner de vendre dans les marchés quand le bled est à 30 liv. ou forcer les Boulangers d'avoir une provision d'un mois, c'est opposer une trop foible digue à un torrent impétueux, & à des maux terribles des remedes sans activité.

L'insuffisance du premier de ces remedes se trouve aujourd'hui prouvée par les faits; car tout le monde sait que jusqu'au mois de Mars de cette année, les grains ne sont pas montés à 30 l. même dans les pays où ils sont aujourd'hui à ce prix. Ainsi donc, même sous la législation de M. N**, on n'auroit pas été obligé de porter au marché. La cherté du mois d'Avril n'auroit donc pas été prévenue, puisque cette cherté s'est préparée dans tous les mois qui ont précédé le mois d'Avril, & qu'elle a eu lieu dans un état de choses où la législation de M. N** a été exécutée dans le fait.

2° N'est-il pas bien étrange qu'on donne comme un spécifique contre la cherté, une loi dont l'effet immédiat & nécessaire est de faire rencherir les grains : or, telle est la loi qui oblige de porter au marché, puisqu'elle augmente la cherté de tous les frais de transport de la marchandise, de ceux du déplacement des Acheteurs & Vendeurs, & de ceux des droits des marchés, qui en quelques endroits du Royaume sont considérables.

3° Cette loi est encore mauvaise par un autre côté qui n'a peut-être pas été assez observé. Elle est à contre sens ; elle ordonne l'apport au marché, précisément lorsqu'il a

le moins befoin d'être ordonné, c'eft-à-
dire, lorfque les bleds font chers, & que
les Poffeffeurs des grains ont un plus grand
intérêt à les vendre. C'eft lorfque le bled
eft à bon marché qu'il faudroit obliger d'en
porter, puifque c'eft alors que le motif d'en
porter eft le plus foible, & que les frais
de l'apport au marché font plus capables
d'en écarter les Marchands, parce qu'ils
font plus confidérables, relativement au
prix du bled : de forte que fi cette loi étoit
appuyée de peines, d'amendes pécuniaires,
on pourroit l'énoncer en ces termes : «Tou-
» tes les fois que le Marchand ne gagnera
» que 10 pour cent fur fes bleds, il lui fera
» permis de les vendre ou de ne les pas ven-
» dre ; mais s'il gagne 20 pour cent ; il lui
» lui eft ordonné de les mettre en vente,
» fous peine d'une amende ; & fi la vente
» peut lui valoir 25 pour cent de profit, il
» fera forcé de mettre en vente fous peine
» d'une amende double, & fi 30 pour cent,
» l'amende fera du triple », &c. Ainfi la loi

n'ordonne que lorsqu'on a le plus grand intérêt à faire ce qu'elle ordonne, c'est-à-
dire, lorsque ce qu'elle ordonne se feroit
tout seul : elle est donc complettement
inutile.

En quatrieme lieu, toute loi qui n'est
portée que pour les temps de cherté, pro-
duira toujours l'effet d'augmenter la cherté,
parce qu'elle la constatera, elle la rendra
plus publique: *elle instruira avec éclat de
l'inquiétude du gouvernement* ; ce qui est
un inconvénient aux yeux de M. N**, lui-
même, comme à ceux de tout le monde;
Dès qu'on verra porter dans les marchés;
il est clair que par cela seul le bled, déja cher,
augmentera encore. Il n'y auroit alors d'autre remede que de taxer le prix de ces bleds
portés au marché, ce que M. N** désap-
prouve fortement.

Le deuxieme moyen proposé par M. N**,
nous paroît tout aussi insuffisant, & sujet à
autant d'inconvéniens.

Cette loi prescrite aux Boulangers, d'avoir une provifion d'un mois, pour affurer la fubfiftance des habitans des villes, eft bien de celles dont la Fontaine a dit avec tant de raifon :

Les Loix fongeoient aux perfonnes de Ville :

& on voit bien que c'eft une *perfonne de ville* qui a dicté celle-ci. Il n'y a fûrement pas une dixieme partie des habitans du royaume qui achetent leur pàin chez des Boulangers. Une obligation pareille ne re-médieroit donc à la cherté que pour les habitans des villes, c'eft-à-dire, pour ceux qui, felon M. N** lui-même, & dans la vérité, font plus en état que tous les autres de payer lé pain cher.

« Je fais bien, dit l'Auteur, que dans les » campagnes ; il y a peu de Boulangers, & » que dans plufieurs villes, ils ne fourniffent » du pain qu'à une partie des habitans; mais » alors, les familles font leur pain elles-» mêmes, ce qui les oblige de fe pourvoir; » & de cette maniere, le but eft rempli. »

On voit que l'objection eft propofée bien

foiblement, & que la réponſe eſt plus foible encore. Si, parce que les familles font leur pain, elles font *obligées* de ſe *pourvoir elles-mêmes*, de la proviſion d'un mois, ſans qu'une loi ſoit néceſſaire pour les y forcer, pourquoi les Boulangers, qui font du pain pour eux & pour les autres, ne feront-ils pas auſſi des proviſions pareilles & propor-tionnées à la quantité de pain qu'ils font ? Pourquoi, d'eux-mêmes, ne *rempliront-ils pas le même but ?*

S'il eſt néceſſaire de forcer les Boulan-gers par une loi, c'eſt que l'opération de garder des farines leur eſt à charge. Sans cela, tout naturellement, ils feroient des proviſions, parce que c'eſt l'avantage de tout Fabriquant, de profiter des temps de bon marché, pour acheter ſes matieres pre-mieres. Il n'y a que ceux qui manquent de capitaux qui les achetent au jour le jour. Mais pour ceux-là, à quoi ſerviroit une loi coactive, puiſqu'il leur ſeroit impoſſible de l'exécuter.

M. N**

M. N** leur assure, « qu'ils ne perdront
» pas à cet arrangement, parce qu'ils feront
» leurs achats dans les temps de l'année où
» le bled est à meilleur marché, & qu'ils
» revendront à l'époque où cette denrée a
» communément la plus grande valeur. »
C'est assurément un avertissement aussi inutile que charitable, mais souverainement
inutile ; car il n'y a point de Marchand qui
ne sache infiniment mieux que tout Ecrivain d'économie politique, quels sont les
temps de l'année où il lui convient le
mieux d'acheter ou de vendre ; & lorsque
cette connoissance ne le détermine pas à
vendre ou à acheter, c'est une preuve que
ses facultés ne le lui permettent pas, facultés que la loi ne lui donne point, & sans
lesquels il est pourtant absurde de l'obliger
d'acheter.

M. N** dit encore, que les Boulangers
se procureroient du bled pour la consom-
mation d'un mois de leur débit, *presque sans
capital, sur le simple crédit qu'ils obtien-*

droient des Fermiers ou des propriétaires.
On voit combien cette affertion eft hafar-
dée & contraire à la nature de cette efpece
de commerce. Un Fermier ne fait point un
crédit de fix mois, un propriétaire n'a point
de bled à vendre, & quant aux Marchands
de bled, ils le gardent pour le vendre eux-
mêmes, puifque c'eft pour cela qu'ils l'a-
chetent.

On fe tromperoit beaucoup, fi l'on
croyoit, d'après l'Auteur, que cet achat
d'une provifion d'un mois ou plus, ne feroit
pas une charge infiniment pefante pour les
Boulangers, s'il étoit forcé. Qu'on com-
mence par calculer les fonds qu'il faut pour
cela; un douzieme ou un dixieme de toute
la valeur de la vente emprunté a un très-
gros intérêt; car le calcul de M. N** de
l'intérêt à 6 pour $\frac{0}{0}$, eft vifiblement trop
foible dans cette efpece de commerce. Le
loyer, toujours cher dans les villes, de magafins fains, fecs, aërés, pour loger cette
provifion; des foins pour la confervation,

plus chers encore dans les villes qu'ailleurs ;
des risques de toute espece, qui doivent tous
être pris sur la marchandise ; il est clair que
ces charges ne peuvent être regardées que
comme très-pesantes sur les Boulangers.

Elles le seroient par conséquent beaucoup pour les consommateurs, & pour ce
même peuple qu'on cherche à soulager.

Pour se refuser à cette conséquence, M.
N** fait d'étranges calculs. Il compte que
les frais qu'entraîneroit cette obligation im.
posée aux Boulangers, ne causeroient qu'un
retard de six jours sur la premiere diminution d'un liard qu'on auroit à faire sur le
prix du pain, que le peuple payeroit six
jours de plus un liard de plus ; ce qui suffi.
roit, dit-il, pour dédommager les Boulangers de l'approvisionnement qu'on exige-
roit d'eux, & pour sauver le peuple. Il faut
voir dans M. N**, avec quelle précision
de calcul, il trouve que l'obligation d'avoir
la provision d'un mois pendant cinq ou six
mois, n'augmentera la dépense des Boulan-

gers que de $\frac{1}{410}$ sur la totalité des ventes ;
c’eſt-à-dire, d’un 60ᵉ de liard par livre de
pain.

Voici un calcul plus ſimple, qui nous
conduira à un réſultat différent. Les Boulangers qui ſeront obligés d’employer un
douzieme de plus dans les fonds de leur
commerce, augmenteront certainement
leurs profits, au moins d’un douzieme en
ſus ; or, certainement un liard de plus, pendant ſix jours, ſur chaque livre de pain
vendue par un Boulanger, ne fait pas la
douzieme partie de ſes profits.

On remarquera encore que l’Auteur ;
qui a décidé plus haut, qu’il étoit abſurde
de taxer le prix des grains, & qui a évité
de nous dire en aucun endroit qu’il fallût
taxer celui du pain, ſuppoſe ici cette derniere fixation établie, puiſqu’il nous parle
de retarder de ſix jours la premiere diminution d’un liard, qu’on auroit à faire ſur le
prix du pain.

On ne voit pas pourquoi l’Auteur donne

tant d'importance à cette modique provifion, ni quel avantage il peut en retirer
pour prévenir la difette ou plutôt la cherté,
le véritable & l'unique mal auquel il faut
pourvoir. Son objet eft de s'affurer qu'il
exifte la fubfiftance d'un mois pour une
grande ville ; mais on n'en eft pas plus fûr,
quand on a obligé les Boulangers de l'avoir,
qu'en omettant abfolument ce moyen. Si
les Boulangers l'ont, les Fermiers & Marchands auront cela de moins, s'ils ne l'ont
pas, les Fermiers & Marchands l'auront
de plus.

Après avoir obligé les Boulangers d'a-
voir cette *modique provifion*, on n'en fera
pas plus fûr de prévenir les excès de la
cherté ; car à moins qu'on n'oblige encore
les Boulangers de vendre, ou plutôt, d'ef-
timer le grain ou les farines qu'ils auront
gardées fur un taux modique, vers les mois
ou la cherté a coutume de fe faire fentir,
la provifion des Boulangers n'empêchera pas
plus de hauffer, fi les circonftances font dé-

favorables, ſi la récolte s'annonce mal ;
que cette même quantité de bled ou de fa-
rine exiſtante chez les Fermiers & les Marchands de bled.

Ajoutons que l'emploi de ce moyen,
ſuppoſe la poſſibilité d'une eſtimation juſte
de la conſommation annuelle d'un Boulanger. Qu'il demande de la fidélité dans
les prépoſés, de la bonne foi dans les Boulangers, qui ont mille moyens de tromper.
Je n'en indiquerai qu'un, auquel je défie
M. N** d'apporter un remede. Un Boulanger n'a qu'à faire ſa proviſion d'un mois en
bled gâté ou en farines échauffées, il pourra
l'acheter à vil prix, la garder à moins de
frais, & elle ſera complettement inutile à
empêcher l'augmentation des prix, &c.

Nous pourrions ajouter beaucoup d'autres obſervations toutes déciſives contre ces
deux moyens de M. N** ; on peut les voir
dans différens ouvrages qui ont été écrits ſur
cette matiere. Il nous ſuffit ici d'avoir fait
remarquer que cette reſtriction eſt la ſeule

qu'apporte M. N** à la liberté, dans les maximes pratiques qu'il enseigne à l'administration.

Nous sommes donc en droit de conclure que ses maximes pratiques sont diamétralement opposées à ses principes généraux ; que sa théorie tend à un but, & sa pratique à un autre. Que d'un côté, il se présente comme le défenseur d'une opinion populaire qui ne pouvoit manquer de lui donner beaucoup de partisans, & faire produire à son livre un grand effet, tandis qu'il abandonne cette opinion dans tous les détails de l'administration qu'il propose.

On pourra demander comment un Auteur peut se laisser aller dans le même ouvrage à une contradiction si forte. L'explication de ce phénomene est bien simple : on voit d'abord que l'erreur se glisse très-facilement dans les assertions vagues, & qui ne s'énoncent que par des généralités comme celles-ci.

Le commerce des grains doit ou ne doit

pas joüir d'une liberté illimitée; (car, felon l'obfervation de Bacon , *in univerfalibus latet dolus*) : je fuppofe un homme qui a adopté la derniere de ces maximes que je regarde comme fauffe & funefte ; tant qu'on s'en tiendra à une difcuffion générale, comme la maxime elle-même, l'erreur ne fera fenfible qu'à des efprits très-exercés , accoutumés aux abftractions & à des analyfes très-rigoureufes,

Tôt ou tard cependant, de ces généralités on eft obligé de defcendre à des détails, fur-tout fi l'on écrit ; par exemple , après avoir attaqué vivement , quoique toujours vaguement, la liberté du commerce , comme la caufe de tels & tels maux politiques, on fera obligé d'indiquer des remedes ; on foumettra à l'examen les diverfes loix imaginées pour réprimer ce qu'on appelle les *Abus de la liberté;* mais notre homme d'efprit verra très-clairement que tous ces moyens ont des inconvéniens terribles. Il ne pourra pas fe diffimuler que chacun en particulier nuit plus ou moins à la production, à la conservation, à la distribution des subsistances, trois objets qui doivent être sacrés pour toute législation : il se gardera donc bien d'en approuver aucune.

D'un autre côté, on abandonne difficilement une opinion très-répandue, & sur-tout une opinion populaire qui vous assure les suffrages de la multitude. On cherchera donc à allier des choses inalliables : une THÉORIE GÉNÉRALE & des MAXIMES PRATIQUES diamétralement opposées ; dès-lors on sera en contradiction avec soi-même, ce qu'il falloit expliquer.

*Nous n'ignorons pas que le résumé que nous faisons de l'ouvrage de M. N**, pourra surprendre beaucoup de lecteurs, & plus encore le grand nombre de ceux qui ne l'ayant pas lu, l'ont regardé sur parole comme le catéchisme des Adversaires de la liberté du commerce des grains, & comme un traité complet sur cette grande question.

Cette méprise prend sa source dans une cause qu'il est utile de faire connoître, c'est qu'on lit peu les ouvrages qu'on achete le plus, & qu'on les lit mal : on lit sans attention, ou on lit avec des préventions.

En général & habituellement, l'indifférence éloigne les citoyens de la lecture des ouvrages d'économie politique, dans tout pays où la forme du gouvernement ne laisse aucune influence sur les affaires à cette classe nombreuse d'hommes, qui par leur état ou leur fortune, auroient quelques momens à donner à leur instruction ; il ne leur reste d'autres motifs de s'instruire que la curiosité qui peut se porter des objets plus amusans, ou cette bienveillance générale qui nous fait souhaiter l bonheur de nos semblables ; & ces deux sentimens sont communément trop foibles pour les arracher ou à leurs affaires, ou à leurs plaisirs, ou à l'oisiveté, plus puissante peut-être sur le cœur de l'homme que les affaires & les plaisirs.

(59)

A la vérité, il naît de temps à autre des circonftances où l'intérêt public fe réveille, & tourne les esprits vers ces objets ; mais malheureufement elles leur donnent en même temps un degré d'agitation qui altere les jugemens, dénature à leurs yeux les livres, les hommes & les chofes, & produit les mêmes effets que le défaut d'attention qui a fa source dans l'indifférence.

Ces obfervations expliquent d'une maniere fatisfaifante, comment le livre de M. N** publié dans un temps de trouble & d'agitation des efprits, a été mal entendu, & comment une contradiction auffi palpable que celle que nous venons de relever, n'a pas frappé tous les yeux. Nous avons cru qu'il étoit utile de la faire remarquer, parce que cette feule obfervation fuffit pour prouver que l'ouvrage de M. N** ne porte aucune lumiere fur la queftion, & ne conduit à aucun réfultat.

F I N.